LE VICOMTE

H. DE SAINT-CYR

SA VIE

ET SES ŒUVRES

1818-1880

MONTAUBAN,
IMPRIMERIE ET LITHOGRAPHIE FORESTIÉ

1880.

LE VICOMTE H. DE SAINT-CYR.

SA VIE ET SES ŒUVRES.

LE VICOMTE

H. DE SAINT-CYR

SA VIE

ET SES ŒUVRES

1818-1879.

MONTAUBAN,

IMPRIMERIE ET LITHOGRAPHIE FORESTIÉ.

1880.

SA VIE.

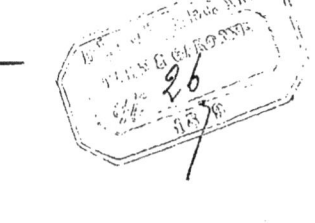

LE vicomte Hyacinthe de Saint-Cyr naquit en 1818, à Montauban, où sa famille, originaire du Blaisois, s'était établie à la suite du siége de cette ville par Louis XIII. Le colonel de Prévost de Saint-Cyr, son père, après avoir fait vaillamment son devoir sur les champs de bataille de la République et de l'Empire, avait été nommé en 1815 commandant de la légion de Tarn-et-Garonne. Deux ans après la naissance de ce dernier enfant, cet officier de grand mérite, et qui pouvait se promettre un long et brillant avenir, mourut à Perpignan, assassiné par un capitaine de la légion, qui voulut venger sur son chef une disgrâce que son inconduite seule avait dû motiver.

Hyacinthe de Saint-Cyr commença ses classes à Versailles, à l'institut fondé pour les enfants des chevaliers de Saint-Louis. Licencié par la Révolution de 1830, le jeune orphelin continua ses études à l'Ecole de marine de Nantes, d'où il s'embarqua au bout de deux ans pour la Plata.

Etabli à Buenos-Ayres, il s'y livra aux affaires; mais, forcé de réaliser sa fortune par les désastres de la campagne de l'Entre-Rios, il perdit dans une sédition populaire, à laquelle il n'échappa lui-même que par miracle, le fruit de ses travaux.

Force lui fut de rentrer en France, à Montauban, où tout en se reposant de ses fatigues, le jeune voyageur employa ses loisirs à écrire le récit des événements dont il venait d'être à la fois le témoin et la victime.

Les Tablettes inédites d'un Voyageur, rédigées uniquement pour fixer d'intéressants souvenirs, ne devaient pas être inutiles à la fortune de leur auteur.

Le rôle de la diplomatie française dans cette triste campagne, les origines et les conséquences fâcheuses, pour notre prestige, du traité signé par l'amiral de Mackau, y étaient analysés, pénétrés et jugés d'une façon qui ne pouvait manquer d'attirer l'attention des hommes compétents. Mises sous les yeux de M. Guizot, ces pages donnèrent à l'homme d'Etat le désir d'attacher celui qui les avait écrites au gouvernement et à la diplomatie.

M. de Saint-Cyr y débuta comme chancelier royal à la Mobile; de là, le gouvernement l'appela à Galveston, où il devait exercer, durant de longues années, les fonctions consulaires.

Nommé chevalier de la Légion d'honneur en 1866, l'ancien vice-consul rentra en France et se fixa pour quelque temps à Nice. Mais en quittant ses fonctions, M. de Saint-Cyr n'avait pas renoncé à exercer sa haute intelligence ni son patriotisme. L'un et l'autre trouvèrent bientôt leur emploi aux bords de la Méditerranée. L'ancienne capitale du petit comté de Nice, devenue de par une récente annexion chef-lieu du département des Alpes-Maritimes, s'accoutumait un peu malaisément à son nouvel état. Placé aux premiers rangs du parti français, en tête des œuvres et des sociétés de crédit qui mettaient en circulation les richesses natives d'une ville et d'un sol privilégiés, M. de Saint-Cyr fut de ceux qui contribuèrent le plus à acclimater sur ce nouveau terrain l'influence et l'autorité de notre pays.

Les événements de 1870 trouvèrent M. de Saint-

Cyr à Paris. Personne plus que lui n'était prêt à en envisager résolument les conséquences redoutables. Quelle horreur nouvelle pouvait enseigner ce grand siége à celui qui avait survécu au blocus de Buenos-Ayres? L'assiégé ne perdit ni son activité ni son sang-froid. Préparé, par sa sympathie pour les Etats-Unis, à accepter l'étiquette républicaine, il avait sa place marquée dans les rangs de ces hommes avant tout attachés à leur pays, qui apportèrent dès la première heure leur concours au nouveau gouvernement.

En compagnie de M. Cochin, dont il partageait la foi religieuse et l'ardeur patriotique, il se donna tout entier à cette grande œuvre de la Défense Nationale, qui suscitait alors tant et de si nobles dévouements. Avec lui et l'illustre Vitet, il compta parmi les promoteurs et les zélateurs de la candidature du regretté Arnaud, de l'Ariége, un des patriarches de la République et de la Liberté dans notre pays. Soldat exemplaire de la garde urbaine, orateur courageux des réunions publiques, il servit la bonne cause de toutes ses facultés.

De retour à Nice en 1871, M. de Saint-Cyr y soutint de sa plume et de sa parole les députés républicains et annexionnistes, MM. Maure et Lefèvre, dont il vit triompher les candidatures.

Cette seconde installation à Nice n'eut guère que

la durée d'une halte. M. de Saint-Cyr, qui depuis sa rentrée en France avait séjourné plusieurs fois à à Montauban, se fixa définitivement dans cette ville, qu'il aimait entre toutes, et dans laquelle il devait passer les dernières et trop courtes années qui lui restaient à vivre.

Il montra dans sa ville natale les qualités qui l'avaient fait apprécier et distinguer partout où on avait pu les voir à l'œuvre. A la Société de Saint-Vincent-de-Paul, où sa générosité pouvait se donner carrière, aussi bien qu'à la Société archéologique, où la lucidité de ses aperçus, l'étendue de son érudition trouvaient un auditoire sympathique et attentif, il donna bientôt la mesure de son esprit et de son cœur. Que dirons-nous encore ? Dévoué envers les siens, soucieux des intérêts publics, charitable envers les malheureux, affable envers tous, il fut le vivant exemplaire de l'honnête homme et du chrétien.

La mort, une mort rapide et prématurée, le surprit sans le déconcerter ; elle l'enleva encore plein de jours et déjà chargé d'œuvres. La religion, qui avait présidé à sa vie, consola ses derniers moments, adoucit l'amertume des adieux, et fit luire pour lui ce rayon des immortelles espérances qui illumine, à l'heure suprême, le front du croyant.

Nous ne saurions mieux clore cette brève notice,

qu'en reproduisant, à titre de témoignage, l'expression du deuil et des regrets publics que la mort de M. de Saint Cyr inspira aux journaux de sa ville natale.

Voici l'article nécrologique que publiait, le 18 avril 1879, le *Courrier de Tarn-et-Garonne :*

« Une grande et noble existence vient de s'éteindre. Après quelques jours à peine de maladie, M. le vicomte H. de Saint-Cyr a été ravi à l'affection de ses parents et de ses amis, sans que rien pût faire prévoir une fin si subite et si prématurée. Ses enfants, absents de Montauban, ignoraient sa maladie, et lorsque la terrible nouvelle s'est répandue dans la ville, ses amis ne pouvaient y croire.

« A peine âgé de 60 ans, et doué d'un tempéramment vigoureux, M. de Saint-Cyr paraissait pouvoir compter encore sur de longs jours. Mais Dieu en avait disposé autrement, et, jugeant que sa vie avait été suffisamment remplie, il a rappelé à lui cet ami fidèle.

« Les dimensions de notre feuille ne nous permettant pas de faire une biographie complète du regretté défunt; nous esquisserons à grands traits les diverses phases de son existence.

« M. de Saint-Cyr fit ses études à Versailles, dans la pension fondée pour les enfants des chevaliers de Saint-Louis. La Révolution de 1830 ayant supprimé cette école, il s'embarqua dans la marine marchande et visita la Plata, où il fit un commencement de fortune. Le traité Mackau, ayant rendu la population hostile aux Européens, M. de Saint-Cyr fut jeté à l'eau par l'émeute et gagna heureusement un vaisseau marchand, qui le ramena en France, dépouillé de toute espèce de biens.

« Il vint alors à Montauban, où il écrivit les : *Tablettes inédites d'un Voyageur*, critique dirigée contre les traités Mackau. Elles furent publiées dans l'*Echo de Tarn-et-Garonne*, en août 1842.

« Cette publication appela l'attention de Guizot, alors ministre, qui, désireux de la faire cesser, nomma M. de Saint-Cyr, d'abord chancelier de consulat à la Mobile, puis consul à Galveston, dans les Etats-Unis.

« Décoré chevalier de la Légion d'honneur en 1866, M. de Saint-Cyr ne tarda pas à faire valoir ses droits à la retraite et se retira à Nice.

« Il se trouvait à Paris au moment de la déclaration de la guerre, et en compagnie de M. Cochin rendit de grands services pendant le siége.

« Depuis, notre regretté compatriote partageait son temps entre Nice et Montauban, où il s'était acquis l'estime et l'affection de tous ceux qui le connurent. Nous fûmes de ceux-là ; aussi pouvons-nous rendre hommage à la droiture de son caractère et à la sûreté de ses relations. Sa générosité était bien connue, et nombreuses sont les infortunes qu'il soulagea en silence; on peut dire de lui ce qu'il est dit du juste de l'Evangile : Que sa main droite ignora toujours les libéralités de sa main gauche. Aussi les pauvres le pleureront-ils comme ses enfants et ses amis.

« Que sa famille nous permette, en terminant, de lui exprimer les regrets personnels que cette perte irréparable nous inspire. Puissent sa noble veuve et ses enfants trouver dans les témoignages de sympathie de la population tout entière, un adoucissement à leur cruelle et légitime douleur. »

Dans son numéro du 21-22 avril 1879, l'*Electeur de Tarn-et-Garonne* consacrait l'article suivant à M. de Saint-Cyr :

« M. de Saint-Cyr, encore debout, plein de force et de santé il y a quelques jours, est mort hier à Montauban, où il était revenu après une longue absence.

« Parti jeune, il avait passé de longues années au-delà des mers. Son honorabilité, la position qu'il s'était faite en Amérique, avaient attiré l'attention de M. Guizot. Le ministre de Louis-Philippe le nomma consul à Galveston, dans les Etats-Unis. Plus tard, en 1866, il fut décoré de la Légion d'honneur, comme récompense des services qu'il avait rendus à son pays et à ses compatriotes.

« Possesseur d'une fortune considérable qu'il devait à son travail, à sa puissante activité, il voulut revenir en Europe, car il n'avait jamais oublié le lieu de départ, sa vieille patrie. Il s'arrêta et se fixa à Montauban, où il avait en peu de temps acquis l'affection de ceux qui étaient entrés dans son intimité, l'estime de tous ceux qui l'ont connu.

« Sous des dehors faciles et agréables, il avait une grande fermeté de caractère, des idées larges et généreuses, une bonne foi parfaite. Je ne l'ai pas assez vu pour parler avec mes seules impressions, mais j'entends dire de toutes parts qu'il était le meilleur père, le meilleur époux et le meilleur ami.

« Ravi à sa famille désolée par une cruelle maladie dont la science de médecins habiles et dévoués n'a pu arrêter la marche, Dieu avait marqué son heure. M. de Saint-Cyr est mort avec la résignation d'un chrétien qui lève déjà les yeux vers un monde meilleur, car les longs voyages, les préoccupations d'une existence très-active n'avaient altéré ni diminué la foi de cette âme honnête et convaincue.

« Il faut être témoin de la désolation, du désespoir de sa famille, de ses nombreux enfants accourus un peu de tous les points, à l'heure suprême d'un dernier adieu, pour comprendre tout l'attachement qu'il leur avait inspiré par sa tendresse, par ses qualités touchantes. Cette perte sera vivement sentie par les malheureux, les indigents qui n'imploraient pas en vain sa commisération, par ceux aussi qui s'occupent des œuvres de bienfaisance, auxquelles il prêtait un appui actif et généreux.

« Ces témoignages de regret et d'estime ne consoleront point sa famille profondément affligée, mais la sympathie d'un public nombreux adoucira, nous l'espérons et nous le désirons, une si grande douleur. »

La Société archéologique s'émut aussi de cette perte. Nous trouvons ses regrets exprimés dans le passage suivant, extrait du procès-verbal de la séance du mois de mai 1879.

« M. le Président paie un juste tribut de regrets à la mémoire de M. de Saint-Cyr, si subitement enlevé à sa famille, et dont notre Compagnie doit vivement sentir la perte. Il rappelle en quelques mots quelle a été la carrière de notre collègue, et ses nombreux titres aux sympathies et aux regrets des membres de la Société archéologique, et rend hommage à ses brillantes qualités et à cette bienveillance qui ne se démentait jamais.

« La Société s'associe aux paroles de son président, qui est chargé de témoigner à la famille de Saint-Cyr l'expression de ses sentiments de condoléance. Nous donnons ici la lettre lue à la séance suivante, sur le désir exprimé par le général Séatelli, et dont la Société demande l'insertion.

« Montauban, le 26 mai 1879.

« Madame la Vicomtesse,

« J'ai eu le douloureux devoir, à la dernière réunion de la Société archéologique, de faire part à mes confrères du cruel malheur qui est venu déchirer votre cœur et celui des vôtres ; malheur, croyez-le bien, qui ne pouvait nous laisser indifférents. Les vifs regrets exprimés par notre Compagnie ont répondu à tous mes sentiments de profonde tristesse : je suis par elle chargé de vous les faire agréer.

« Toutes les fois que M. le vicomte de Saint-Cyr avait été parmi nous, il nous avait fait apprécier les rares qualités de son esprit, si parfaitement aimable et, en même temps, si riche de la plus saine érudition.

« Il n'était étranger à aucun des travaux qui nous occupent, et tandis que beaucoup, parmi nous, bornent leurs investigations à un seul point, il savait s'assimiler toutes les questions avec une admirable facilité. Il avait surtout le secret d'apporter dans les relations une bienveillance sans égale, comme, d'ailleurs, dans toute noble cause un dévouement qui trouvait sa source dans l'âme la plus généreuse.

« Dieu seul, Madame, donnera à vous et à vos enfants la force de supporter la privation de tous ces dons de l'intelligence et du cœur dont il vous était donné de jouir. Nos doléances seraient peu de chose, si vous n'aviez les seules vraies consolations, si vous ne saviez aussi que la charité survit à ceux qui ne sont plus. Souffrez, cependant, que nous adressions par vous, Madame, ce suprême hommage à une chère et honorée mémoire, et veuillez croire aux sentiments de profond respect de votre très-humble serviteur.

« *Le Président,*
« F. POTTIER. »

SES ŒUVRES.

Ce n'est pas un livre que nous avons sous les yeux, et cependant ces pages éparses, écrites çà et là, un peu sur tous les points du globe et à tous les âges de la vie, sont associées entre elles par le lien d'une forte unité. Chose rare, et qui ne se rencontre pas au même degré dans beaucoup de livres composés d'une haleine, arrangés et mis au point pour le public, on ne trouve pas dans ces études, diverses de sujet, et adressées à des journaux d'opinions différentes, deux pensées qui ne cadrent pas exactement ensemble. Une figure s'y dessine, une personnalité s'y marque dès la première heure, qui persistera à travers les épreuves, à travers les changements des hommes et des choses, identique jusqu'au bout avec elle-même, invariable dans sa fidélité aux mêmes principes.

Figure de croyant et de politicien, ardente et nette, alliant dans une juste mesure et dans un parfait équilibre la flamme, la générosité que donne la foi, avec la clairvoyance acquise dans la pratique des affaires et l'expérience des hommes.

Ce double carctère se trouve déjà marqué dans le premier travail sorti de sa plume : un récit des deux campagnes de l'Entre-Rios, que M. de Saint-Cyr donna en 1842 à l'*Echo de Tarn-et-Garonne*.

A ceux qui voudraient avoir une idée juste du régime intérieur, des mœurs politiques et sociales de ces petites Républiques de l'Amérique du Sud, qui n'ont malheureusement pas progressé depuis un demi siècle, je voudrais faire lire en entier cette remarquable étude.

C'est un morceau considérable, où les vues d'ensemble ne nuisent pas à la précision des détails, où l'émotion du témoin ne trouble pas la sérénité de l'historien.

L'impartialité d'ailleurs est facile entre les deux chefs de cette triste guerre, entre Rosas, le dictateur de la canaille, âme de fer et de feu, intrépide, héroïque jusque dans le crime, et Riveira, l'homme des subtiles intrigues, des lâches trahisons. Repoussée par ces deux sinistres figures, la sympathie de l'auteur et du lecteur va droit au général Lavalle, le chef des Unitaires, le capitaine de ces quatre cent trente-trois héros qui balancèrent un moment la fortune de Rosas.

Cet épisode des Quatre cent trente-trois est vraiment merveilleux. Réunis à grand'peine par Lavalle, équipés, armés par les Français, ils s'embarquent sur les chaloupes, qui les laissent à un point de la côte, où l'on doit leur amener des chevaux. Ici je donne la parole à l'historien:

« La flotille s'arrêta; un des Quatre cent trente-trois, imitant le cri d'un oiseau de nuit, fit retentir les bois du signal convenu : la respiration, le mouvement, la vie furent un instant suspendus; on écoutait avec anxiété, mais pas un souffle ne troubla la limpidité de l'air frais et pur du matin; on ne vit, on n'entendit rien, rien, que le bruissement des feuilles foulées par quelque tigre qui regagnait sa demeure du jour. Trois fois le même cri fut lancé dans l'espace; trois fois le même silence lui succéda......................... ....

....

« Bientôt les chaloupes se trouvèrent sur le bord d'un marais immense, recouvert de joncs de six à sept pieds de haut et extraordinairement touffus; on sonda, il y avait un mètre d'eau, et le fond était de sable et de vase assez dure. Lavalle ordonna à ses soldats de débarquer silencieusement, de mettre sur leurs têtes les selles, les lances et les sabres, et de se cacher dans les joncs. Quand ils furent tous dans l'eau jusqu'au ventre, il s'y jeta lui-même, et pressa les Français de se retirer le plus promptement possible, afin qu'ils ne fussent pas signalés sur la côte et qu'ils n'éveillassent pas, par le nombre de leurs embarcations, les soupçons ou l'attention des autorités................. ....
Après l'aurore vint le jour, et avec le jour un soleil de plomb et des myriades d'insectes.

« .... Il était sans doute écrit dans les arrêts immuables de la Providence, que l'armée libératrice passerait par les plus rudes et les plus cruelles épreuves qu'il soit donné à l'homme de supporter sans mourir. En effet, alors que le soleil commençait à décliner vers l'orient, alors qu'une brise légère, ridant la surface de l'eau, venait rafraîchir ces hommes épuisés et brûlés, ils aperçurent sur la crête du petit coteau qui bordait le marais, un détachement de cavalerie grossissant à vue d'œil et se dirigeant de leur côté. Quel cruel moment d'angoisse!..... Etaient-ils vendus, trahis, livrés sans défense à un ennemi qui ne leur faisait pas quartier, et qui n'avait besoin pour les anéantir que de mettre le feu aux joncs secs du marais? Le détachement avançait toujours; bientôt on put entendre les gais propos et les joyeux refrains des soldats qui devisaient et fumaient en cotoyant le marais......... Mais le détachement, après avoir cotoyé le marais sans le plus léger soupçon, tourne à l'angle d'un bois et disparaît dans le vallon: bientôt les pas cadencés des chevaux qui venaient de prendre le galop furent les seuls sons qui troublèrent le silence de la nature........... Que de siècles dans cette heure maudite! »

Vous connaissez maintenant la manière historique de M. de Saint-Cyr.

Avec le journal du blocus de Buenos-Ayres, nous entrons plus profondément dans le détail des faits, et, dans la personnalité de leur historien, nous assistons à la fois au drame de la rue et au drame de la conscience.

Je cite encore:

« 10 juillet. — Aujourd'hui rien de nouveau; le sang a coulé comme à l'ordinaire. En entrant sur les 9 heures, j'ai heurté un cadavre, il m'a semblé qu'il respirait encore.

« 2 heures du matin. — Impossible de dormir. Un cauchemar affreux vient de me réveiller en sursaut............ le cadavre que j'ai heurté,............ malheureux que je suis! c'était peut-être mon meilleur ami, et je l'ai fui comme un pestiféré!......... Je n'ai donc ni entrailles, ni cœur! ah! la peur! la peur!!....... Cependant j'étais brave (je n'ose plus dire que je le suis encore), j'ai affronté mille dangers sur terre et sur mer......... Alors que ma vie était pleine de poésie, je la jetais au vent gaîment. Et maintenant, pleine de tourment, je la chéris avec frénésie. Comment expliquer cela?

« Ciel! qu'entends-je? c'est le *Sereno*.

« On pourrait apercevoir ma lumière et remarquer ma demeure. Il faut l'éteindre et dormir, ou trembler...........

« Vivrai-je demain?

« 11 juillet. — Aujourd'hui je suis sorti, mais comment suis-je sorti? Une devise rouge à mon chapeau, et le portrait du dictateur Rosas et de son épouse à la boutonnière de mon habit........... Oh! honte!!! Je suis passé sur la place de la Victoire: au sommet de l'obélisque il y avait une tête; on disait dans la foule que c'était la tête du général Lavalle, mais je crois que ce bruit est faux; s'il était réel, grand Dieu, où serait notre espoir!.......... Je suis entré au café de la Victoire: chacun se regardait sans se parler; j'ai lu le journal officiel. Le gouvernement, c'est-à-dire le dictateur, — car la représentation est composée de la partie la plus basse et la plus vile de ses créatures, qui passent la majeure partie de leurs séances à lui décerner des ovations patriotiques, ou des titres et des félicitations plus ou moins burlesques à propos de victoires imaginaires, — le dictateur, dis-je, a l'air de faire entendre que, ne pouvant maîtriser la haine de population contre les Français, il se décharge de toute responsabilité à leur égard. Il pousse l'hypocrisie jusqu'à dire qu'il emploiera tous les moyens qui sont en son pouvoir pour garantir, sinon leurs propriétés, du moins leurs vies, et cette population qu'il semble redouter est à sa solde et à ses ordres.

« Il est nuit, la lune se lève à l'horizon, ses reflets miroitent sur les ondulations de la Plata. Pas une embarcation sur les bords du fleuve: l'autorité, craignant les évasions, les a fait rentrer à la *focca*. Comment faire? Comment gagner les navires qui sont là! Oui, là, mais d'ici là il y a trois heures, trois heures à la nage! c'est impossible. N'importe, je vais descendre avec le jusant (marée descendante), le banc sera à sec, je me reposerai : si je réussis, je suis sauvé!

« Qu'est-ce qui brille là-bas, au pied du fort! Ce sont les fers des lances d'un escadron de cavalerie : leurs chevaux sont dans l'eau jusqu'au poitrail ; ils guettent les fuyards ; mon projet est manqué. »

C'est de son arrivée et de son séjour aux Etats-Unis que date l'éveil des idées libérales de M. de Saint-Cyr. Rien ne l'y avait préparé de ses traditions premières, des influences qui avaient présidé à son enfance et à sa jeunesse, et les dissensions des républiques Sud-Américaines, dont il venait de faire l'expérience, n'étaient pas faites pour l'engager dans une nouvelle voie. Mais la grande république du Nord offrait à ses méditations un point de vue bien différent. D'un côté comme de l'autre de l'isthme, la liberté était inscrite en tête de la constitution: mais quelle différence dans la pratique! Au Sud, la liberté n'était guère dans les villes qu'une formule de parade; dans les campagnes à demi désertes, dans les solitudes suspectes des Pampas, elle ne signifiait que l'affranchissement de l'individu, l'évanouissement de la loi devant les instincts déchaînés de la vie sauvage. Elément de dissolution et de barbarie dans le Sud, la liberté devenait dans le Nord le moteur le plus puissant de la civilisation et du progrès. Développement illimité de l'initiative de chacun, surexcitation de toutes les forces individuelles concourant au bien-être général; la parole indépendante, le travail affranchi, l'appareil gouvernemental et législatif réduit à sa plus simple expression: tel fut le spectacle que les Etats-Unis offrirent au nouveau consul de Galveston.

Le premier sentiment de M. de Saint-Cyr fut presque de l'éblouissement. Il l'a exprimé lui-même dans une de ces études sur les Etats-Unis qui furent son sujet familier, sa spécialité pour ainsi dire.

« Il ne me fallut pas longtemps pour m'apercevoir que j'étais bien petit et qu'ils étaient bien grands, ces Américains du Nord. Je vous fais grâce de la comparaison que j'établis bien vite entre ce peuple et les peuples que je venais de quitter. Tout d'abord les Etats-Unis furent pour moi une énigme; mais je les étudiai avec ardeur, avec persévérance, avec amour même, dans la théorie et dans la pratique, dans les livres et dans la vie réelle; je m'identifiai avec ce peuple, et bientôt je le compris, je l'admirai, je l'aimai. J'y ai vécu plus de vingt ans, de vingt-cinq à quarante-cinq, la meilleure partie de la vie d'un homme; j'y ai travaillé, j'y ai connu tous les bonheurs et toutes les joies : c'est assez vous dire que je l'aime encore, que je l'aimerai toujours, et que je ne cesserai de l'aimer qu'en cessant de vivre. Aussi, quoique je cherche la justice et l'impartialité, n'acceptez mes jugements que sous bénéfice de plus amples informations, et par cela même vous agirez à l'américaine. Je serais trop heureux s'il en résultait pour vous le désir de connaître et d'étudier les Etats-Unis, car je reste convaincu que, dès que vous les connaîtrez, vous les aimerez. Ah ! si nous connaissions tous, ou du moins un certain nombre parmi nous, les Etats-Unis, je crois que nous serions bien près de nous entendre dans notre beau pays de France. »

Nous rencontrons tous, dans notre vie, un moment décisif, dont l'impulsion retentit profondément et longuement en nous-mêmes, et imprime à nos idées leur direction définitive. Ce moment fut pour M. de Saint-Cyr celui de son arrivée aux Etats-Unis. C'est là que son libéralisme trouve sa formule. C'est aux institutions de la libre Amérique, au respect qu'elle manifeste pour la dignité humaine, à cette émancipation complète de l'individu, tempérée par la solidarité chrétienne et religieuse, qu'il empruntera l'idéal, qu'il essaiera d'appliquer pour les juger à nos institutions et à nos mœurs françaises.

Après avoir représenté pendant quinze ans la

France aux Etats-Unis, M. de Saint-Cyr devait, en effet, de retour dans son pays, y représenter les idées et les doctrines des Anglo-Saxons d'Amérique.

Tâche assurément très-noble, mais dans l'accomplissement de laquelle le catholique libéral devait rencontrer plus d'une difficulté et d'une déception. Même sous l'étiquette nouvelle du gouvernement républicain auquel M. de Saint-Cyr avait franchement donné son concours, la différence des mœurs politiques entre les deux pays se faisait sentir, et la comparaison n'était pas à notre avantage.

Tout en s'associant aux efforts des républicains libéraux, l'ancien consul de Galveston s'étonnait des façons d'agir réservées, hautaines, peu démocratiques en un mot, de ces politiciens doctrinaires.

Au surplus, voici ce qu'il en écrivait dans *L'Avenir de Nice*, sous le titre : *La Société ne se venge pas, elle applique la loi.*

« Vers la fin du siége, la vie politique se réveilla en vue des élections : l'Internationale travailla les masses. Que firent les hommes d'ordre et les républicains libéraux pour contrecarrer son action délétère ? — Rien. — Les comités s'organisèrent par en haut ; beaucoup de programmes, encore plus de candidats, et la fameuse devise: « Qui « m'aime me suive. »

« Rien ne fut fait pour les masses, pour les éclairer, pour combattre la terrible doctrine dont les ennemis de la société les abreuvaient à jet continu............. Après le siége, durant la suspension des hostilités par le fait de l'armistice, et alors que l'Internationale, redoublant d'ardeur et d'énergie, faisait de la propagande sur la plus vaste échelle et travaillait les masses plus que jamais, les hommes d'ordre, les conservateurs républicains libéraux quittaient Paris, pour la campagne ou l'étranger, négligeant leurs devoirs de citoyens pour leurs affaires et leurs plaisirs, et ceux qui restaient se divisaient entre eux pour des questions secondaires, des questions de détail ou de personnes, donnant ainsi aux masses les plus déplorables exemples de désarroi, de manque d'esprit d'ordre, de discipline et de conduite, sans lesquels on ne peut rien fonder. »

Libéral, mais libéral à l'américaine, M. de Saint-Cyr pensait en républicain mais voulait agir en démocrate, en ami du peuple, de ce peuple facile aux entraînements, également capable de vertus héroïques et de crimes atroces, mais dont les crimes ou les vertus sont presque toujours étroitement liés aux erreurs ou aux progrès des classes dirigeantes.

M. de Saint-Cyr terminait ainsi cet article, écrit au lendemain de l'entrée de l'armée de l'ordre dans Paris :

« Je me résume, et je conclus en demandant pour les masses coupables le bénéfice des circonstances atténuantes, pour la raison, d'abord, que vingt ans de régime impérial les avaient atrophiées et préparées à subir l'influence des plus détestables doctrines sociales, et qu'alors que ces masses auraient eu le plus grand besoin du concours et de l'aide des classes sociales qui sont en possession du capital intellectuel et de tous les capitaux de la nation, c'est-à-dire du travail accumulé de toute nature, cet aide et ce secours leur ont fait complètement défaut. »

Il est des moments où l'on a quelque mérite à rester libéral, et ce sont des convictions vraiment dignes d'estime, celles qui résistent à de pareilles épreuves.

M. de Saint-Cyr n'était pas de ceux qui s'attardent à pleurer sur des ruines.

Esprit actif, cœur ardent, il s'appliquait, dès le lendemain de nos désastres, à en rechercher les causes pour en prévenir le retour :

« Cherchons, examinons, discutons, abordons virilement les grandes questions sociales : si ce sont des fantômes éphémères, dévoilons-les ; si ce n'est pas pour nous qui sommes plus ou moins en possession du capital intellectuel, que ce soit au moins pour les travailleurs et pour les masses auxquelles le temps manque pour s'instruire et s'éclairer. Si, au contraire, dans nos recherches, nous découvrons quelques vérités théoriques, ne craignons pas de les mettre en lumière et d'en réclamer l'application et la pratique. Le moment serait mal choisi pour faire le procès de la société, Dieu m'en garde! mais n'oublions pas qu'elle n'est pas parfaite, que tout n'est pas pour le mieux dans le meilleur des mondes possible, et que tous nous sommes plus ou moins coupables, à des titres divers, des malheurs qui nous accablent.

« Réformons-nous. »

Donnant l'exemple, M. de Saint-Cyr abordait, en une série d'articles, les problèmes sociaux et politiques de l'heure actuelle : la question sociale, la question des grèves, la question de l'Algérie, la question du fonctionnarisme, la question de la décentralisation. Sa solution est toujours la même : la liberté d'abord, l'instruction ensuite ; la liberté pour susciter l'initiative individuelle, en dehors de laquelle il n'est pas de progrès possible ; l'instruction qui, en dissipant les préjugés et en éclaircissant les malentendus, rapproche les classes hostiles et pourtant solidaires les unes des autres.

« Les Etats-Unis, écrit M. de Saint-Cyr, ont résolu, par la liberté et par la pratique de la liberté, l'énigme sociale des temps modernes, sans bruit et sans phrase.

« En sommes-nous-là? Sommes-nous même sur cette voie? Hélas, non!..... La splendeur de cette lumière qui nous vient de l'Ouest nous aveugle par le double effet de son éclat et de sa simplicité. Les questions sociales nous menacent, nous le savons, et cependant, comme les gens du Bas-Empire, nous nous livrons à des discussions stériles, alors que le plus simple raisonnement peut et doit nous démontrer que demain, aujourd'hui peut-être, le temps et les moyens nous manqueront ; l'action fera place à la discussion, et cette action, surexcitée par une compression longue, incessante et violente, sera terrible et ne produira que des désastres.

« Mais où est le remède ou du moins le palliatif, car les choses sont bien avancées et les événements vont se précipiter rapidement. Au commencement de cette année, et avec le réveil de la liberté, comme nous sommes habitués à tout attendre de l'initiative de l'Etat, alors que l'Etat s'ingéniait à créer commission sur commission pour étudier toutes les questions possibles, on aurait pu espérer que la question sociale aurait au moins préoccupé les hommes qui étaient au pouvoir : il n'en a rien été. C'est à l'initiative individuelle et à la presse, à la presse indépendante, à la presse vraiment libérale, à la presse qui a une âme et une conscience, de prendre en main l'étude de la question sociale, de faire appel à toutes les bonnes volontés ; et puisque les lois et les mœurs ne nous permettent pas une étude pratique, livrons-nous à l'étude théorique de ces graves questions, dévouons y nos recherches, notre temps, notre argent.

« N'oublions pas que ce sont les masses qu'il faut éclairer, et que pour les éclairer fructueusement il faut tenir compte de leur condition telle qu'elle est, il faut les appeler elles-mêmes à s'éclairer, en recherchant et sollicitant le concours de toutes les intelligences et de toutes les bonnes volontés que renferment ces mêmes masses ; et certes, quand on en cherchera, on en trouvera : il n'en manque pas.

« Armons-nous de bonne volonté, de patience, de douceur, et surtout de cette persévérance anglo-saxonne qui ne se rebute jamais. Les hommes qui auront constitué une association dans ce but, auront bien mérité de leur conscience et du pays, et ce sera leur récompense. »

Au sujet de l'Algérie, M. de Saint-Cyr conclut

ainsi une remarquable étude publiée par l'*Avenir de Nice :*

« S'ensuit-il, de tout ce que nous venons de dire, qu'il faudrait, à partir de demain, tout changer, tout bouleverser en Algérie ? Non ! loin de là ! je crois aux réformes, mais aux révolutions jamais. Il ne s'agit donc pas de révolutionner l'Algérie, mais de la reconstituer en la réformant. Puisque le régime du sabre et le militarisme n'ont rien produit durant quarante ans, pourquoi ne pas essayer du système civil et de la liberté, et cela sur la plus vaste échelle ? »

Je ne sais si ces citations suffiront à montrer de quelle façon particulière M. de Saint-Cyr entendait le libéralisme. Il n'y a rien dans sa manière qui sente le procédé de l'école, la déclamation vague, les théories creuses, tout cet appareil uniquement fait pour la montre, et dont se contentent trop souvent nos libéraux français. Il entre vivement dans les sujets qu'il traite, appuie son argumentation d'exemples et de comparaisons dont il a vérifié l'exactitude par lui-même, et, la vérité de ses affirmations une fois démontrée, il va droit aux solutions pratiques. L'article ou le discours ne l'intéressent pas pour eux-mêmes, mais pour le but qu'il veut atteindre ; la parole n'est pour lui qu'un moyen d'arriver à l'action : il s'en sert sans complaisance, avec la concision et la hâte d'un homme pressé d'arriver au fait.

Rien ne l'obligeait d'ailleurs à user de ces déguisements de la pensée, de ces habiletés de langage, qui se trouvent presque toujours sous la plume ou dans la bouche des hommes politiques affiliés à un parti et qui ne font connaître de la vérité que ce qui peut être avantageux à leur cause.

M. de Saint-Cyr était dégagé de tout lien. Ni candidat, ni journaliste, ni fanatique, les sophismes de l'intérêt, pas plus que l'exaltation du sentiment ou la routine du métier, ne faisaient dévier la droiture de son jugement. De là, la netteté de ses vues, l'intrépidité de son libéralisme.

Cette intrépidité vient encore d'une autre source. M. de Saint-Cyr écrit en honnête homme, il écrit surtout en chrétien. L'édifice politique et social, tel qu'il le conçoit, est d'abord appuyé sur la base inébranlable, sur le roc du catholicisme. La solidité du fondement explique et justifie la hardiesse de l'architecture. Ce que devient la liberté sans Dieu, les communalistes fédérés de Paris nous l'ont trop fait voir. S'affranchir de Dieu, c'est se soumettre à l'instinct; se passer de la religion, c'est se livrer à la barbarie. Si vous voulez soustraire l'individu au fardeau de la tutelle sociale, assujettissez-le d'abord fortement au joug de la loi divine. Hors de ces conditions, la liberté n'est qu'un songe et un mensonge. Avec le concours de la religion, au contraire, tout s'aplanit, les conceptions les plus hardies, les utopies mêmes deviennent possibles: que dis-je, elles se trouvent déjà réalisées dans la fraternité universelle des enfants de Dieu, dans l'égalité de la vie conventuelle, dans les œuvres innombrables, écloses au souffle de la charité évangélique, et qui désarment, en les satisfaisant dans une juste mesure, les revendications toujours renaissantes du socialisme.

Je trouve ces pensées fortement exprimées par M. de Saint-Cyr dans la conclusion d'une série d'articles sur le catholicisme dans l'Amérique du Nord, qui parurent en 1844 dans l'*Echo de Tarn-et-Garonne*:

« Le catholicisme, qui est l'unité dans la religion, c'est-à-dire la force, ne pourrait donc que contribuer à l'affermissement de l'édifice social, souvent miné par les dissentiments des sectes réformées, qui défont par là, d'un côté, le bien qu'elles font d'un autre. Le catholicisme n'est point à l'état d'essai dans le Nouveau-Monde. Il règne presque exclusivement dans la Louisiane, et nous ne sachions pas qu'il y contrarie en rien le mécanisme républicain; au Canada, où il règne également, le parti catholique est celui de la liberté, celui qui demande et prêche l'égalité contre les protestants, qui réclament un gouvernement de priviléges. Au Mexique et dans toutes les républiques de l'Amérique du Sud, les prêtres catholiques, si puissants, ont-ils empêché l'affranchissement de ces contrées? n'ont-ils pas porté la croix en tête des populations insurgées qui combattaient pour leur indépendance? et le pouvoir de ces prêtres n'est-il pas le seul élément d'ordre, la seule garantie de sécurité qui ait survécu dans le cœur de ces jeunes populations, trop tôt délivrées d'une tutelle salutaire? Le catholicisme là, comme ici le protestantisme, est le principal soutien d'une forme de gouvernement qui tomberait sans cet appui. Il est donc un élément de liberté, parce qu'il est un élément d'ordre et de moralisation, qui rendra toujours la domination de la loi civile d'autant moins nécessaire et d'autant plus facile, que celle de la loi religieuse sera plus forte. Là est le secret de l'affranchissement futur de l'humanité. »

Catholique et libéral, gentilhomme et citoyen, ces associations de mots marquent d'un trait original et personnel la figure de M. de Saint-Cyr. Aurons-nous réussi à la dégager des documents que nous venons d'analyser. Nous le souhaitons. Faire connaître M. de Saint-Cyr, c'est le faire aimer, et le faire aimer, c'est faire aimer en même temps les deux grandes passions, j'allais dire les deux grandes religions de sa vie : Dieu et la liberté.

www.ingramcontent.com/pod-product-compliance
Lightning Source LLC
LaVergne TN
LVHW022207080426
835511LV00008B/1632